Inhalt

Dank

Besonderer Dank gilt Museumsdirektor PD Dr. Wilfried E. Keil und seinem Team, namentlich Björn Chilian für vielfältige Unterstützung, dem Herausgeber G. Ulrich Großmann für die umfangreichen Diskussionen zu den Forschungsergebnissen und Mitwirkung am Text, schließlich der Thüringer Schlösserstiftung als Eigentümerin der Burganlage sowie dem Germanischen Nationalmuseum.

Veste Heldburg – Eine kurze Würdigung

Die Veste Heldburg liegt malerisch und eindrucksvoll auf einem ca. 403 Meter hohen vulkanischen Kegel über der gleichnamigen Stadt. Markant zeichnen sich zwei Rundtürme ab, vor allem aber der Renaissanceflügel von 1561–1564, der Französische Bau, der als der einzige erhaltene Neubau des fürstlichen Baumeisters Nikolaus Gromann überregional Beachtung verdient. Heute dient die Burg dem 2016 eröffneten Deutschen Burgenmuseum, dem einzigen der Bedeutung und Kulturgeschichte des Burgenbaus gewidmeten überregionalen Museum wenigstens in Mitteleuropa.

Die Heldburg von Süden, Jungfernbau mit Hexenturm und Brunnenhaus, Hauptturm, Französischer Bau

Kurze Einführung zur Geschichte

Vorgeschichte und Gründung

Besiedlungsspuren im Heldburger Land reichen bis in die Hallstattzeit (ca. 700–450 v. Chr.) zurück. Archäologische Funde legen nahe, dass auch der Heldburger Burgberg damals besiedelt war. Territorial gesehen ist das »Henneberger Land« vom Mittelalter bis heute immer Grenzgebiet zwischen Hessen, Thüringen und Franken gewesen. Im Mittelalter und der Frühen Neuzeit wird die wechselhafte Geschichte der Region zum einen von geistlichen Mächten und zum anderen von weltlichen Mächten bestimmt. Die geistlichen Mächte sind im Südosten das Bistum Bamberg, im Süden das Bistum Würzburg, im Westen die Abtei Fulda und im Nordwesten das Stift Hersfeld sowie das Kloster Reinhardsbrunn. Unter den weltlichen Mächten sind die fest konsolidierte hessisch-thüringische Landgrafschaft und vor allem die Grafen von Henneberg zu nennen. Hinzu kommen zahlreiche Adelsfamilien, deren Einfluss allerdings deutlich geringer ist, als derjenige der bereits angeführten Kräfte.
Der Ort Heldburg wurde erstmals 837 als »villa Helidberga« im Zusammenhang mit dem fuldaischen Landesausbau genannt, der ursprüngliche Ortsname benennt den Berg, nicht die Burg. Hinweise auf diese gibt es erst seit der Mitte des 12. Jahrhunderts. Sie legen einen Zusammenhang zwischen der Gründung der Burg und der Verwaltung von Besitzungen des Klosters Veßra im Umfeld von Heldburg nahe. Die Aufgabe übernahmen die Grafen von Henneberg, die seit 1135 die Vogtei des vier Jahre zuvor gegründeten Klosters innehatten. Bereits seit dem späten 11. Jahrhundert stellten diese auch den Würzburger Burggrafen und hatten zudem seit 1103 die Hochstiftsvogtei inne. Diese Ämter, umfangreicher eigener Besitz und zahlreiche Lehen machten die Grafen von Henneberg zu einer der einflussreichsten Adelsfamilien im nördlichen Franken und dem Grabfeld. In den 1220er und 1230er Jahren kam der Veste Heldburg beim konkurrierenden Ausbau der Einflussgebiete des Bischofs von Würzburg und der Grafen von Henneberg die Rolle eines hennebergischen Vorpostens zu. Im Verlauf des 13. Jahrhunderts wurde sie Mittelpunkt des hennebergischen Amtes Heldburg, das als Teil der Pflege Coburg zwischen 1291 und 1310 kurzzeitig kurfürstlich brandenburgisch war, und das erstmalig 1317 im Urbar Berthold VII. von Henneberg genannt wurde. Die Erhebung Bertholds VII. 1310 in den Reichsfürstenstand unterstreicht die Bedeutung der Grafen von Henneberg.

Der Übergang an das Haus Wettin

Auf dem Heiratsweg gelangte das Amt Heldburg zunächst 1356 an die Nürnberger Burggrafen und schließlich 1374 an die sächsischen Kurfürsten und Herzöge aus dem Haus Wettin. Die Wettiner hatten 1356 die Kurwürde erhalten. Im Rahmen der Leipziger Teilung der Wettiner 1485 in die albertinische und die ernestinische Linie ging diese an die Ernestiner über. Bei der territorialen Aufteilung wurde das im Süden gelegene Amt Heldburg den Ernestinern zugesprochen. Seit dem frühen 16. Jahrhundert lassen sich wiederholt Jagdaufenthalte auf der Amtsburg Heldburg nachweisen.
Mitte des 16. Jahrhunderts kam es zu einem entscheidenden Machtverlust der Ernestiner. Als Förderer der Reformation führten sie gemeinsam mit den Landgrafen von Hessen den 1531 gegründeten Schmalkaldischen Bund an, der 1546/47 im sog. Schmalkaldischen Krieg den kaiserlichen Truppen unterlag. Der ernestinische Kurfürst Johann Friedrich I. fiel in die Reichsacht. In der Wittenberger Kapitulation wurde die Übertragung der Kurwürde an die Albertiner festgelegt. Verbunden damit war der Verlust von Macht, Einfluss und Besitz.

Wappen Johann Friedrichs I. von Sachsen, Holzschnitt von L. Cranach d. Ä. (1546, oben),
Posthumes Portrait des Kurfürsten, 1578 (rechts)

Markgrafen von Meißen und Herzöge von Wettin im Besitz der Heldburg

Balthasar von Meißen (1374/1382–1406)
Friedrich der Friedfertige (1406–1440)
Wilhelm der Tapfere (1445–1482)
Ernst, Kurfürst von Sachsen (1464–1486)
Friedrich der Weise, Kurfürst von Sachsen (1486–1525)
Johann der Beständige, Kurfürst von Sachsen (1525–1532)
Johann Friedrich I. (1532–1554), der Großmütige, bis 1547 Kurfürst von Sachsen
Johann Ernst, Herzog von Sachsen-Coburg (1541–1553, Halbbruder des vorigen)
Johann Friedrich der Mittlere II., Herzog von Sachsen (1554–1567)
Johann Wilhelm, Herzog von Sachsen-Weimar (1567–1573)
Johann Casimir, Herzog von Sachsen-Coburg (1586–1633)
Johann Ernst, Herzog von Sachsen-Eisenach (1633–1638, Bruder von Johann Casimir)
Albrecht, Herzog von Sachsen-Eisenach (1640–1644)
Ernst I., der Fromme, Herzog von Sachsen-Gotha-Altenburg (1640–1675)

Ernst, Herzog von Sachsen-Hildburghausen (1675/1680–1715)
Ernst Friedrich I., Herzog von Sachsen-Hildburghausen (1715–1724)
Ernst Friedrich II., Herzog von Sachsen-Hildburghausen (1724–1745)
Ernst Friedrich III., Herzog von Sachsen-Hildburghausen (1745–1780)
Friedrich, Herzog von Sachsen-Hildburghausen (1780–1826)
Bernhard II. Erich Freund, Herzog von Sachsen-Meiningen (1821/1826–1866)
Georg II., Herzog von Sachsen-Meiningen (1866–1914)
Bernhard III., Herzog von Sachsen-Meiningen (1914–1918)
Georg III., Herzog von Sachsen-Meiningen, bewohnt die Heldburg 1926–1945

Die Heldburg in der Mitte des 16. Jahrhundert

Die Söhne des vom Kurfürsten zum Herzog degradierten Johann Friedrich I. übernahmen nach dessen Tod 1554 zunächst gemeinsam die Regierung. 1557 einigten sie sich auf die Regierung durch den ältesten der Brüder Johann Friedrich II. Im Alter von 18 Jahren hatte dieser die Niederlage des Vaters miterlebt und strebte zeitlebens danach, die alte Macht der Ernestiner wiederherzustellen. Von 1562 bis 1565 hielt er sich wiederholt teils mehrere Wochen auf der sich im Umbau befindenden Veste Heldburg auf, wo im Februar 1563 sein zweiter Sohn Friedrich Heinrich (†1572) zur Welt kam. Hier traf er regelmäßig mit seinem Rat Wilhelm von Grumbach zusammen, der in Hellingen, heute ein Ortsteil von Heldburg, ein Schloss kaufte. Der niederadelige Reichsritter und Söldnerführer, der zuvor in Diensten des Brandenburgischen Markgrafen gestanden hatte, stellte ihm die Rückgewinnung der Kurwürde in Aussicht. Wesentlichen Einfluss auf alle politischen und privaten Entscheidungen des Herzogs und seines Rates erlangten damals die Aussagen eines sogenannten Engelssehers, der angab, dass Gott durch vier Engel zu ihm spreche. Die Engel kündigten dem unter Finanznot leidenden Herzog nicht nur Schatzfunde an, sondern auch die Übernahme der Kurwürde sowie sogar der Kaiserwürde. Doch, man ahnt es, keine dieser Ankündigungen realisierte sich und der Herzog verstrickte sich immer tiefer in die Grumbach'schen Händel. Wiederholte durch die Engelaussagen gestützte Planungen von Kriegszügen gegen die Albertiner sowie die Beherbergung des wegen der Ermordung des Würzburger Bischofs geächteten Grumbachs am ernestinischen Hof führten dazu, dass Johann Friedrich II. ins politische Abseits geriet und schließlich wegen Landesverrates geächtet wurde und 1567 nach der Eroberung seiner Residenz, des Grimmenstein in Gotha, in Gefangenschaft geriet.

Das Jagdschloss Johann Casimirs von Sachsen-Coburg

Die Söhne Johann Friedrichs II. waren noch im Kleinkindalter, als der Vater in Gefangenschaft kam, in die ihm seine Gemahlin Elisabeth von der Pfalz wenige Jahre später aus freien Stücken nachfolgte. Friedrich Heinrich, der 1572 starb, Johann Casimir und Johann Ernst wuchsen daher unter der Vormundschaft des albertinischen Kurfürsten auf. Erst 1586 übernahmen Johann Casimir und Johann Ernst die Regentschaft über das ernestinische Herzogtum, das durch die Einrichtung eines eigenen Herzogtums für Johann Wilhelm I., den Bruder des gefangenen Johann

Johann Friedrich II. von Sachsen, Kupferstich von Peter Gottland Rodelstedt, 1552

Wilhelm von Grumbach, Kupferstich von Matthias Zündt, 1567

Friedrich II., erneut verkleinert worden war. Die Zersplitterung des ernestinischen Territoriums setzte sich fort, als 1596 für die beiden Söhne Johann Friedrichs II. eigene Herzogtümer eingerichtet wurden. Die Veste Heldburg gehörte nun zum Herzogtum Sachsen-Coburg unter Johann Casimir. Sie diente ihm als Jagdschloss, das er mehrmals im Jahr besuchte. Die Nähe zu seiner Residenz in Coburg dürfte der Grund dafür sein, dass 1599 auf der Veste Heldburg ein Teil der Feierlichkeiten anlässlich seiner zweiten Eheschließung stattfanden.

17./18. Jahrhundert

1633 verstarb Johann Casimir kinderlos und das Amt Heldburg fiel an den Bruder Johann Ernst von Sachsen-Coburg-Eisenach. Im Dreißigjährigen Krieg war das Coburger Land Durchgangsstation zahlreicher starker Heere und die wenig

Standbild am Gymnasium Casimirianum in Coburg, 1604, erneuert 1628

Ansicht der Heldburg um 1670, rechts Französischer Bau, links Jungfernbau. Kupferstich

wehrhafte Veste Heldburg wurde mehrmals von kaiserlichen Truppen belagert und eingenommen (1632, 1634 und 1637). Auch Johann Ernst verstarb ohne direkte Nachkommen und zwischen 1640 und 1644 gehörte das Amt Heldburg zum neu gegründeten Herzogtum Sachsen-Eisenach. Nachdem auch Albrecht von Sachsen-Eisenach kinderlos starb, wurde das Amt dem Herzogtum Sachsen-Gotha unter Herzog Ernst I. dem Frommen zugeschlagen. Die Wirtschaft in Thüringen litt sehr unter den Folgen des Dreißigjährigen Krieges. Mit Reformen der Amtsverwaltung versuchte Ernst der Fromme I. die Schäden des Krieges zu beheben und die wirtschaftliche Basis zu verbreitern. In seinem Auftrag entstand in den 1660er Jahren die Heldburger Amtsbeschreibung, von der mehrere Exemplare überliefert sind. Ihr verdanken wir die ältesten Ansichten und Grundrisse der Veste Heldburg sowie ausführliche Rauminventare. Nach dem Tod Ernsts I. des Frommen 1675 erfolgte eine weitere Aufgliederung des ernestinischen Herzogtums unter den sieben Söhnen. Von 1677 an gehörte die Veste Heldburg zum Herzogtum Sachsen-Hildburghausen und diente bis 1684 als Residenz von Herzog Ernst von Sachsen-Hildburghausen, dem sechsten Sohn Ernsts I. des Frommen. Danach bezog dieser das jüngst fertig gestellte Residenzschloss in Hildburghausen. Er bemühte sich noch um den Ausbau der Heldburg zur Festung, doch die vier nachfolgenden Generationen maßen der Heldburg keine Bedeutung als Aufenthaltsort mehr zu und sie verfiel zunehmend. 1787 wurde der Amtssitz endgültig in die Stadt verlegt. Ende des 18. Jahrhunderts war die Anlage in einem derart schlechten Zustand, dass ein Abriss in Erwägung gezogen wurde.

Umbau zum Bergschloss unter Herzog Georg II. von Sachsen-Meiningen

1826 erfolgte eine Neuordnung der ernestinischen Herzogtümer. Sachsen-Hildburghausen wurde aufgelöst und das Amt Heldburg dem Herzogtum Sachsen-Meiningen zugeschlagen. Herzog Bernhard II. Erich Freund (1800–1882) nahm erste Baumaßnahmen an der Veste vor, wozu auch der Abbruch des Küchenflügels gehörte. Bedeutung erlangte die Veste Heldburg nochmal im letzten Viertel des 19. Jahrhunderts. Damals baute Herzog Georg II. von Sachsen-Meiningen (1826–1914) die Anlage zum privaten Wohnsitz für sich und seine von der Familie nicht akzeptierte dritte Ehefrau, der Schauspielerin Ellen (Helene) Franz, aus. Ihr verlieh er den Titel »Freifrau von Heldburg«. Fern des Meininger Hofes empfingen der »Theaterherzog« und seine Frau Künstler, Schauspieler und Literaten. Bis zur Enteignung durch die Sowjetische Besatzungsmacht 1945 bewohnten Nachkommen Georgs II. die Veste Heldburg, darunter Regina von Sachsen-Meiningen (1925–2010), die spätere Ehefrau von Otto von Habsburg (1912–2011).

Nutzung im 20. Jahrhundert

Während des Zweiten Weltkrieges wurden auf der Veste Heldburg ausgelagerte Kunstwerke verschiedener Museen verwahrt. Mit dem Ende des Krieges, der Enteignung und der Verstaatlichung wurde die Burg Stützpunkt der Sowjets (1951–1954). Damals wurden alle ver-

Georg II. und Helene Freifrau von Heldburg. Herzog Georg II. von Sachsen-Meiningen mit seiner dritten Frau Ellen Franz, der Freifrau von Heldburg, 1898, aufgenommen anlässlich der Silberhochzeit des Paares (aus: I. Gohmann: Kabale und Liebe, Abb. 12)

bliebenen mobilen Einrichtungsgegenstände fortgeschafft. Zur Zeit des geteilten Deutschlands lag die Veste Heldburg im Sperrgürtel der innerdeutschen Grenze auf dem Staatsgebiet der DDR und war nur eingeschränkt zugänglich. 1954 wurde auf der Burg ein Kinderheim eingerichtet. In diesem Zuge wurden die inneren Raumaufteilungen teilweise verändert. Die ehemalige protestantische Kirche im Heidenbau wurde zur Turnhalle umfunktioniert. Seit einem verheerenden Brand im Französischen Bau 1982 stand die Burg leer. Aufgrund des kunsthistorisch wertvollen Französischen Baus, dem gut erhaltenen Ensemble und der historisch bedeutsamen Funktion der Burganlage für die sächsisch-thüringische Geschichte, wurde die Veste Heldburg 1994 in den Liegenschaftsbestand der Stiftung Thüringer Schlösser und Gärten aufgenommen. 2003 setzten auf Vorschlag von G. U. Großmann die Planungen zur Einrichtung des Deutschen Burgenmuseums ein, dessen erster Abschnitt 2016 eröffnet wurde.

Notizen zur Baugeschichte

Die hochmittelalterliche Burganlage

Wie die Veste Heldburg im 13. Jahrhundert als Amtssitz der Grafen von Henneberg aussah, ist weitgehend spekulativ. Archäologisch nachweisbar ist eine Teilung des Bergplateaus in Vorder- und Hinterburg durch einen quer über den Hof (etwa von der Wendelstiege des Französischen Baus bis zur Hoffassade des Kommandantenbaus) verlaufenden in den Felsen geschlagenen Graben (Tiefe und Breite 2,50 m).

Die im südwestlichen Bereich erhaltene Ringmauer, an die sich Teilbereiche des Jungfernbaus anlehnen, bindet Mauerwerk eines Torturmes aus Buckelquadern ein. Ringmauer und Turm lassen sich im Vergleich zu entsprechenden Bauteilen der Veste Coburg in das spätere 13. oder beginnende 14. Jahrhundert datieren. Der weitere Verlauf der Ringmauer ist spekulativ. Die Hofseiten des Französischen Baues sowie des Heidenbaues markieren in etwa den Verlauf der mittelalterlichen Ringmauer, diese Flügel wurden außen an die ältere Burg angefügt. Die Verfüllung des Grabens

Wichtige Daten der Geschichte

1152	Urkundliche Erwähnung einer »parochia Heilpurg«, also einer Pfarrei Heldburg
1317	Erste gesicherte Erwähnung der Heldburg unter Graf Berthold von Henneberg
1353	Durch Heirat Übergang an die Burggrafen von Nürnberg
1374	Durch Heirat Übergang an die Markgrafen von Meißen (Wettiner)
1486–1512	Ausbau der Burg unter Kurfürst Friedrich dem Weisen
1546–1547	Schmalkaldischer Krieg. Johann Friedrich I. verliert die Kurwürde
1560–1564	Umbau der Veste Heldburg und Errichtung des Neuen Baus (»Französischer Bau«)
1567	In der Folge der »Grumbach'schen Händel« gerät Herzog Johann Friedrich II. in Gefangenschaft
1618–1648	Dreißigjähriger Krieg, die Heldburg wird dreimal erobert
1663–1665	Einbau der Kirche im Heidenbau
ab 1667 und 1712	Teilausbau von Festungsanlagen
1716–1783	Die Veste ist zeitweilig Amts- und Gerichtssitz; Teile der Burg dienen als Gefängnis
1826	Heldburg fällt an das Herzogtum Meiningen
1838	Abbruch der Obergeschosse des Küchenbaus, Beginn von Reparaturarbeiten
1871	Übertragung der Veste in den herzoglichen Privatbesitz
1874–1898	Instandsetzung und historistische Erneuerung
1945	Verstaatlichung
1955–1982	Nutzung als Schule und Kinderheim
1982	Brand des Französischen Baues, Ende der Schulnutzung
1990	Beginn des Wiederaufbaues
1994	Übertragung an die Stiftung Thüringer Schlösser und Gärten
2005	Gründung des Deutschen Burgenmuseums auf der Veste Heldburg
2016	Eröffnung des ersten Abschnitts des Deutschen Burgenmuseums

Alfred Schröder: Innenhof der Heldburg, Holzstich aus »Die Gartenlaube«, 1872

Hypothetische Rekonstruktion der Anlage um 1300 (Joe Rohrer)

um 1300 und die damit verbundene bauliche Umstrukturierung der Burganlage steht vermutlich mit dem Bedeutungszuwachs der Heldburg unter Graf Berthold VII. von Henneberg in Verbindung. Über die früheste Wohnbebauung ist nichts bekannt.

Spätmittelalterliche Umbauten

In Amtsrechnungen schriftlich überlieferte Baumaßnahmen zwischen 1485 und 1512 unter Kurfürst Friedrich dem Weisen betrafen vornehmlich Renovierungs- und Ausbauarbeiten bestehender

Rekonstruktion der Veste Heldburg im Zustand um 1525, vorne der Heidenbau (Joe Rohrer)

Wohn- und Wirtschaftsgebäude, die bereits im Verlauf des 13. bis 15. Jahrhunderts entstanden sind. Die Archivalien geben einen anschaulichen Einblick in die damalige Bebauung der Veste Heldburg.

Ein Torturm mit einer gepflasterten Durchfahrt sowie zwei Torstuben und ein Gefängnis im Turm werden erwähnt. Der Jungfernbau erhielt einen Fachwerkaufbau und die Kapelle wurde renoviert. Angrenzend an den Torturm stand ein Wohnhaus, ein Vorläufer des späteren Kommandantenbaus. Dieser wurde Ende des 15. Jahrhunderts umfangreich ausgebaut. Die getäfelten Stuben und Kammern erhielten Estrichböden. Eine Hofstube sowie ein Saal im Obergeschoss werden erwähnt, über eine hofseitig dem Bau vorgelagerte Treppe erschlossen. Um 1505–1507 wurde in diesem Bau ein Gemach für den Bruder des damaligen Kurfürsten für Johann den Beständigen eingebaut. Auch an einer Küche samt Backhaus wurde 1498/99 gearbeitet; sie war mindestens zweigeschossig, denn sie hatte eine Treppe.

Ein großer breiter über die ältere Ringmauer hinausgeschobener und wahrscheinlich in den 1480er Jahren errichteter Quaderbau im Nordosten der Anlage, der später sog. Heidenbau, wurde um 1509/10 ausgebaut. Archivalisch ist nachvollziehbar, dass ab 1509 ein Keller in den Felsen abgetieft und mit einer Tonne aus Quadern überwölbt wurde. In diesem Zuge wurde auch ein gewölbter Kellerzugang geschaffen. Das Erdgeschoss wurde durch den Einbau steinerner Pfeiler zur dreischiffigen Halle; im Obergeschoss wurde die Gliederung mit hölzernen Stützen aufgegriffen. Der Heidenbau diente vorrangig als Lagerhaus. Auch eine neue Zisterne wurde damals gebaut. Die archivalisch belegten Baumaßnahmen sind teils sehr gut am Bestand nachvollziehbar, beispielsweise der Ausbau des Heidenbaus, teils aber auch durch spätere Umbaumaßnahmen nicht mehr konkret fassbar. Deutlich wird auf jeden Fall, dass damals im Westen der Jungfernbau, ein Torturm, ein Vorläufer des Kommandantenbaus, ein Küchenbau und der Heidenbau bestanden haben.

Der Um- und Ausbau in der Mitte des 16. Jahrhunderts

Mitte des 16. Jahrhunderts baute der fürstliche Baumeister Nikolaus Gromann die Veste Heldburg im Auftrag Johann Friedrich II. aus. 1558 begannen die Steinbrecharbeiten für den Bau eines Tiefbrunnens vor dem westlichen Tor. Ab 1560 wurden die oberen Geschosse des Torturms abgebrochen. Oberhalb der in den Hof verlängerten Tordurchfahrt entstand ein neuer Hauptturm, der als Treppenturm die Obergeschosse des Jungfern- und des Kommandantenbaus erschloss. In beiden Gebäuden wurden die Geschosshöhen verändert, der Kommandantenbau nach Westen um den Hexenturm erweitert. Als zweiten Zugang zur Veste erhielt der Heidenbau eine Durchfahrt, die das Bodenniveau des Erdgeschosses durchbrach, was daher ebenfalls verändert werden musste. Weiterhin erfolgte die Erweiterung des Küchenbaus mit außen vor der Ringmauer errichteten Kellern und dem Ausbau des Erdgeschosses. Die größte Veränderung brachte ab 1561 die Errichtung eines Neubaus, der später als Französischer Bau bezeichnet wird. Er erstreckt sich an der Südseite der Anlage und ist über die ehemalige Ringmauer hinaus gesetzt worden, so dass sich die Hoffläche durch den Neubau nicht verringerte. Die herzoglichen Gemächer wurden vom Kommandantenbau in diesen neuen repräsentativen Renaissancebau verlegt, im Sockelgeschoss richtete man ein Badestuben-Appartement ein.

Rekonstruktion der Veste Heldburg im Zustand um 1565, vorne Kommandanten- und Jungfernbau (Joe Rohrer)

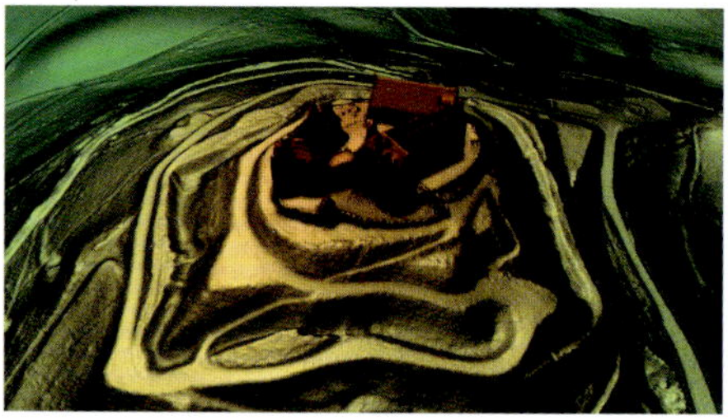

Lidar-Scan der Veste Heldburg heute – die Aufnahmetechnik zeigt die tatsächliche Oberfläche und Bebauung mit allen erhaltenen Bastionen, ohne die Pflanzen

Baumaßnahmen im 17. und 18. Jahrhundert

100 Jahre später hatte sich das Gesicht der an Bedeutung verlorenen Veste Heldburg kaum gewandelt. Herzog Johann Casimir weilte zwar ab 1590 häufig zur Jagd auf der Veste Heldburg, ließ aber keine größeren baulichen Maßnahmen vornehmen. Verändert hatte sich in dieser Zeit allerdings die Raumdekoration. Inventare spiegeln die stete Zunahme an aufgehängten Geweihen sowie an Jagdgemälden.
Erst unter Herzog Ernst dem Frommen fanden erneut Baumaßnahmen statt. Er ließ im Heidenbau 1662–1665 eine protestantische Kirche einrichten, die im Außenbau aber nur durch größere Fenster sichtbar wurde. Der unmittelbar danach angesichts der drohenden Türkengefahr begonnen Ausbau der Veste Heldburg zur Festung mit Ravelins und Bastionen ohne Kasematten, wurde bereits nach kurzer Zeit zunächst wieder eingestellt. Um 1710/12 griff Herzog Ernst Friedrich I. die Idee zum Festungsausbau auf. Insgesamt entstanden sieben Ravelins und Bastionen, die bis heute weitgehend erhalten sind, wegen des dichten Gesträuchs aber im Sommer kaum wahrgenommen werden. Damals wurden auch einige andere eher kleine bauliche Maßnahmen vorgenommen, beispielsweise Arbeiten am Haupt-

Rekonstruktion der Veste Heldburg im Zustand von 1750, rechts der Heidenbau (Joe Rohrer)

Grundriss von 1796 nach einer Vorlage von 1722 mit dem Bestand der Festungsbauten

tor sowie der Bau eines neuen Schöpfhäuschen aus Fachwerk über der Zisterne. Sein Tod 1724 führte zur Aufgabe des teuren Fortifikationsprojektes und auch die seit 1717 auf der Heldburg stationierte Garnison wurde abgezogen.

Der Umbau im 19. Jahrhundert

Zu Beginn des 19. Jahrhunderts war die Veste Heldburg in einem baulich äußerst bedenklichen Zustand, der Herzog Bernhard II. von Sachsen-Meiningen veranlasste seinen Landesbaumeister August Wilhelm Döbner mit Erhaltungsmaßnahmen zu beauftragen. 1838 erfolgte der Abriss von Erd- und Obergeschoss des Küchenbaus. Dort entstand eine in historistischem Stil mit Zinnen umwehrte Aussichtsplattform. Teile der Hoffassade des Heidenbaus samt Treppenturm wurde durch eine Fachwerkwand ersetzt. 1846 wurden der Herrenerker und 1864 der Frauenerker restauriert.

Ab 1875 nahm Herzog Georg II. von Sachsen-Meiningen umfassende Bau- und Ausstattungsmaßnahmen vor, die sich bis zur Jahrhundertwende hinzogen und die Silhouette bis heute prägen. Eine Vielzahl anerkannter Architekten standen in seinen Diensten, wie beispielsweise der Meininger Hofbaurat Erwin Theodor Döbner (1839–1892), der von 1875 bis 1883 die Baumaßnahmen auf der Veste Heldburg leitete. Ihn lösten der Meininger Architekt Otto Hoppe (1829–1891), der die Gesamtleitung des Bauwesens im Herzogtum innehatte, und Albert Neumeister, der Leiter des Meininger Hofbaubüros, ab. Mit Eduard Fritze (1849–1926) übernahm um 1890 ein weiterer Meininger Architekt die Leitung der Baumaßnahmen. Einzig Emanuel La Roche (1863–1922), unter dem ab 1893 vor allem der Ausbau der »Freifraukemenate« erfolgte, stammte nicht aus der Residenzstadt, sondern aus Basel. Herzog Georg II. brachte sich aber auch selbst mit Gestaltungsvorschlägen, Vergleichsbeispielen, Anweisung des einzuhaltenden Stils sowie eigenen zeichnerischen Entwürfen aktiv in die Gestaltung ein.

Ansicht der Heldburg von Süden (Zeichnung von Gustav Lamler, Salzungen, Ende 18. Jahrhundert; Graphische Sammlung des Germanischen Nationalmuseums Nürnberg)

Der Abriss der maroden Fachwerkobergeschosse des Jungfernbaus, die Erhöhung des Hauptturmes und die Erneuerung aller Turmhelme führten dazu, dass die Gebäude der zuvor eher geschlossen wirkenden Anlage stärker voneinander abgesetzt wurden. Der Ausbau der Terrasse auf dem Jungfernbau bildete eine Zäsur zwischen dem eher mittelalterlich anmutenden Kommandantenbau und dem eher schlossartigen Französischen Bau.

Während für den Innenausbau des Französischen Baus die Renaissance maßgeblich war, sollten die Räume der anderen Bauten, gemäß ihrem höheren Alter, wesentlich einfacher und schlichter ausgestattet werden, unter Einbeziehung der vorhandenen Ausstattung. Für den Französischen Bau, den Georg II. als Juwel der Renaissance erkannte, ordnete er die »Vorlage der betr. Schablonen, welche sämtlichst stilgerecht sein müßen: deutschrenaissance« an. Technischen Neuerungen gegenüber, die auch einen größeren Wohnkomfort bedeuteten, stand er trotzdem aufgeschlossen gegenüber. Den Abschluss der herzoglichen Wohnetage mit der Zimmerfolge aus Vorsaal, Audienzzimmer, Speisezimmer, Zimmer der Freifrau und Schlafzimmer bildeten zwei Toilettenzimmer, die mit modernen Wasserklosetts ausgestattet waren. Galt für die Beletage und den Festsaal im zweiten Obergeschoss als Vorgabe die »Deutschrenaissance«, so wich er bei der Gestaltung des Vorsaals vor dem Festsaal von dieser Linie ab. Er wünschte sich ein französisches Zimmer und übersandte 1881 zu diesem Zweck einen Bildband des Schlosses in Blois an seinen Architekten Döbner. Viele Details des Raumes, wie die Gestaltung von Türen, Decken

Ansicht der Heldburg und des Innenhofs 1880 (Holzstich von A. Schröder)

und Kaminen erfolgten nach diesem französischen Vorbild, wobei es sich nie um exakte Kopien handelte, sondern um Transformationen.

Brand und Sanierung im 20./21. Jahrhundert

Am 7. April 1982 führte ein Großbrand zu weitreichenden Zerstörungen im Französischen Bau. Das Dach, die oberen Geschossdecken und fast die gesamte Inneneinrichtung verbrannten. Noch erhaltene wandgebundene Ausstattungen aus der Zeit Herzog Georgs II. von Sachsen-Meiningen gingen dabei verloren. Große Beschädigungen richtete das Feuer auch am skulpturalen Schmuck der Portale, der Kamine und Erker an. Kurz nach der Wende begann 1990 als gemeinsames Projekt des thüringischen und des bayerischen Landesdenkmalamtes der Wiederbau des seit fast einem Jahrzehnt nahezu ungeschützten und ungesichert im Brandzustand belassenen Gebäudes, unterstützt durch einen eigens gegründeten Förderverein. Nach der Aufnahme der Veste Heldburg in den Liegenschaftsbestand der Stiftung Thüringer Schlösser und Gärten wurden die begonnenen Sanierungs- und Restaurierungsmaßnahmen fortgesetzt. Mit der Entscheidung, auf der Veste Heldburg das Deutsche Burgenmuseum zu errichten, war 2003 eine dauerhafte Nutzung gefunden, in deren Sinne die Sanierung der Räume fortgesetzt wurde.

Rundgang durch die Heldburg

Der Wirtschaftshof im Tal

Am Fuß des Burgberges befindet sich neben der heutigen Zufahrtsstraße zur Burg der ehemalige fürstliche Wirtschaftshof der Veste. Erstmals lässt sich dieser sog. »Neue Hof« im letzten Viertel des 15. Jahrhunderts nachweisen. Renovierungen und Erweiterungen des Hofes in der Mitte des 16. Jahrhunderts schufen die Voraussetzungen für eine umfangreichere Hofhaltung mit einer größeren Zahl an »fürstlichen Ausrichtungen« auf der Heldburg. Grundrisse aus der Zeit um 1660 zeigen den damaligen Baubestand und nennen die jeweiligen Funktionen der Bauten.
Das Hofgelände hatte einen nahezu trapezförmigen Grundriss und war von einer Mauer mit drei halbrunden Schalentürmen umgeben. Angelehnt an die Mauer standen der »Neue Bau« (später Amtsgericht) mit Stallungen im Erdgeschoss und der Wohnung des Amtsmannes im Obergeschoss, ferner ein langer Schafstall sowie eine 2004 abgerissene große Scheune. Darüber hinaus gab es einen Schweinestall, ein Backhaus, ein Brunnen und eine Pferdetränke. In der Beschreibung werden noch ein mit »Brettern verschlagenes Hühnerhaus«, ein »Hopfgarten« und ein Krautgar-

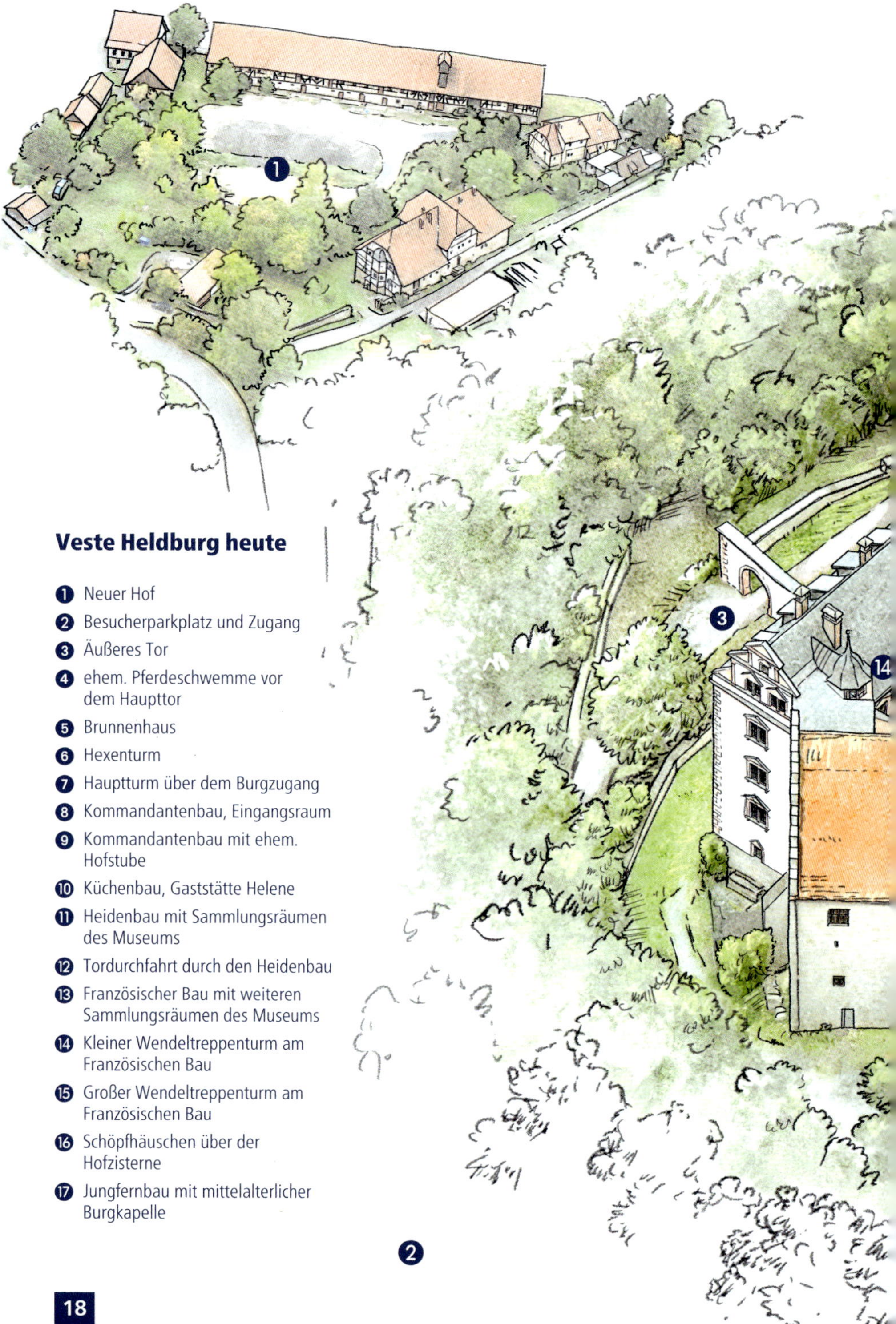

Veste Heldburg heute

1. Neuer Hof
2. Besucherparkplatz und Zugang
3. Äußeres Tor
4. ehem. Pferdeschwemme vor dem Haupttor
5. Brunnenhaus
6. Hexenturm
7. Hauptturm über dem Burgzugang
8. Kommandantenbau, Eingangsraum
9. Kommandantenbau mit ehem. Hofstube
10. Küchenbau, Gaststätte Helene
11. Heidenbau mit Sammlungsräumen des Museums
12. Tordurchfahrt durch den Heidenbau
13. Französischer Bau mit weiteren Sammlungsräumen des Museums
14. Kleiner Wendeltreppenturm am Französischen Bau
15. Großer Wendeltreppenturm am Französischen Bau
16. Schöpfhäuschen über der Hofzisterne
17. Jungfernbau mit mittelalterlicher Burgkapelle

4
5
6
7
8
9
10
11
12
15
16
17

Amtshaus im Neuen Hof, 1580

ten genannt. Zum »Neuen Hof« gehörten Felder, Wiesen und Äcker, aber auch ein großer Fischteich mit zugehörigen Aufzuchtbecken sowie ein kleiner Haselhain und Weinberge. Beeindruckend ist vor allem das ehemalige Amtshaus von 1580 mit seinem steinernen Erdgeschoss und dem Schmuckfachwerk im Obergeschoss mit Fächerrosetten im Giebel. Es verweist auf die auch nach dem Sturz Johann Friedrichs II. hohe Bedeutung des Amtssitzes Heldburg. Die ehemalige Schafstallung entlang der Straße nach Hildburghausen imponiert durch ihre Länge von rund 80 Metern. Das steinerne Erdgeschoss könnte noch ins 16. Jahrhundert datieren, während das Fachwerkobergeschoss möglicherweise erst im 17. Jahrhundert aufgesetzt wurde.

Das historistische Forsthaus östlich der Burgstraße wurde 1885/86 nach Entwürfen von Otto Hoppe und Eduard Fritze erbaut. Über einem Unterbau aus rotem Backstein hat es ein aufwendiges Zierfachwerk, das an Häuser der Region Heldburg/Coburg im 17. Jahrhundert erinnert.

Wege zur Veste

Die Veste Heldburg liegt ganz im Süden Thüringens Luftlinie kaum 20 km westlich von Coburg, man kann von der einen Veste die andere sehen. Heldburg ist von der A 73 über Coburg, Hildburghausen oder Schleusingen zu erreichen und von der B 279 von Süden aus Richtung Bamberg/Ebern. Parkplätze gibt es am Fuß der Burg neben dem Wirtschaftshof oder auf halber Bergeshöhe. Die Burg steht auf einer 405 Meter (NN) hohen vulkanischen Erhebung aus vulkanischem Gestein (Phonolith, sog. »Klangstein«, weil er beim Anschlagen einen hell klingenden Ton ergibt). Beim Aufstieg vom Besucherparkplatz auf halber Berghöhe (5–10 Min. Fußweg) aus kann man den anstehenden Felsen an mehreren Stellen sehen. Ein geologischer Aufschluss befindet sich neben der Bastion Lindebom (heute »Bienenwiese«), eine der sieben noch erhaltenen Bastionen der frühneuzeitlichen Wehranlage. Der ausgeschilderte Fußweg mündet am äußeren (Zwinger-)Tor, wo auch der Fußweg vom unteren Parkplatz ankommt. Vorbei am steil aufragenden Französischen Bau, geht es zum Haupttor der Kernburg.

Wer bereits vom unteren Parkplatz aus den Waldweg benutzen will (15 Min. Fußweg), kommt hinter dem Neuen Hof auf einen historischen Fuß- und Transportweg, teilweise ein Hohlweg. Dieser führt an einem kleinen Steinbruch vorbei zur Burg hinauf. – Für Rollstuhlfahrer gibt es einen Sonderparkplatz in der Burg (Anmeldung erforderlich!).

Die Heldburg in einer Senkrechtaufnahme (Björn Chilian, 2023)

Die Gesamtanlage

Die Gesamtanlage der Veste Heldburg ist oval. Der Französische Bau befindet sich im Süden, leicht von Südwest nach Nordost ausgerichtet. Die Westspitze der Burg nehmen das Haupttor, südlich davon der Jungfernbau (Zwischenbau zwischen Tor- und Französischem Bau) und nördlich davon der Kommandantenbau ein. Im Norden steht auf dem Kellergeschoss des ehemaligen Küchenbaus die neue Museums- und Burggaststätte Helene und im Nordosten der Heidenbau, der von West nach Ost ausgerichtet ist, sein Giebel und der Nordostgiebel des Französischen Baues bilden gemeinsam das östliche Ende der Kernburg.

Außentor und Rundgang um die Außenanlagen

Der Besucher kommt vom Parkplatz an der Bienenwiese vorbei zu einer Zwingermauer mit einem rundbogigen Tor aus der Zeit um 1560. Es führt in den Torzwinger vor dem Haupttor der Burg. Anschließend geht der Besucher an der Giebelseite des Vorbaus des Französischen Baues vorbei, oberhalb dessen es ursprünglich noch eine Pferdeschwemme gab.
Die meisten Besucher werden den direkten Weg zum Burghof wählen, doch empfiehlt es sich zunächst gegen den Uhrzeigersinn um die Burg herum zu gehen. Hinter dem Zwingertor gelangt man rechterhand in den ehemaligen Gartenbereich unter dem Französischen Bau. Die Südfassade des Renaissancebaus weist mit vier reich durchfensterten Stockwerken eine beeindruckende Höhe auf. Die sich je Geschoss unterscheidende Gestaltung der Fensterprofile vermittelt bereits hier eine starke hierarchische Differenzierung innerhalb des Baus. Während die Fenster des untersten Geschosses, des Kellergeschosses mit der Badestube, nur einfach gefaste Rahmen haben, nimmt der Detaillierungsgrad der Fensterrahmen in den oberen Geschossen zu. Zwischen der vierten und der fünften Fensterachse von Westen aus gezählt sind Spuren eines ehemals über alle Geschosse reichenden Abtritterkers (Toilettenerkers) zu sehen. In diesem waren die Abtrittschächte der in allen Geschossen an der gleichen Stelle liegenden Kammern gebündelt. Die östliche Fensterachse ist heute vermauert.
An den nach Nordosten weisenden Giebel des Französischen Baus schließt der Treppengiebel des Heidenbaus an. Der Heidenbau besteht an der Außenseite aus Sandsteinquadern mit Zangenlöchern, typisch für eine spätmittelalterliche Entstehung. Schmale Schlitze in der Fassade sind keine Schießscharten, sondern Belüftungsöffnungen; der Bau diente zunächst weitgehend als Lagerhaus. Strebepfeiler stützen die Längsseite. Die Toreinfahrt ist nachträglich im Zuge des Umbaus in den 1560er Jahren eingebaut worden; heute ist das Tor normalerweise geschlossen. An die Nordwestfassade des Heidenbaus schließt sich das erhaltene Kellergeschoss des Küchenbaus aus der Mitte des 16. Jahrhunderts an. Der Küchenbau endet im Stumpf eines kleinen Rundturms. Hier springt das Bauwerk um fast 10 Meter nach innen. Es folgt der im Kern spätmittelalterliche Kommandantenbau, der den Verlauf der ursprünglichen Ringmauer markiert. Weiter geht es um den Kommandantenbau herum und an der Außenseite des Torzwingers entlang. Jetzt kommt man am im 19. Jahrhundert erneuerten Brunnenhaus (s. u.) vorbei, das außen an den Torzwinger angesetzt wurde. Schließlich endet der Weg wieder vor dem Zwingertor.

Der tiefe Brunnen mit Brunnenhaus

Gegenüber dem Haupttor zur Kernburg steht ein kleines etwa quadratisches Häuschen im Verlauf der Zwingermauer. Es handelt sich um den zuletzt 1873–1875 erneuerten Überbau des ursprünglichen Brunnenhauses von 1557–1564. Der Brunnen liegt weitgehend ungeschützt an der Zwingermauer. Dadurch konnte man ihn mehrere Meter tiefer beginnen lassen als im

Das Äußere des Heidenbaus, errichtet um 1480/90 und um 1506, Tordurchbruch um 1560

Das äußere Tor vor dem Querflügel des Französischen Baus (2023)

Das Brunnenhaus an der Ringmauer vor dem Haupttor, Außenseite (2015)

Burghof und dadurch erhebliche Kosten sparen, denn zum Abteufen waren spezialisierte Steiger (Bergmeister) erforderlich. Der Brunnenschacht reicht mindestens 114 Meter in die Tiefe. Ein in den Quellen belegter Wasserkasten aus Eiche sowie vom Brunnen durch den Felsen verlaufende Rohre lassen an eine frühneuzeitliche Wasserleitung ins Schloss denken. Die Fördereinrichtungen, um das Wasser aus der Tiefe zu holen, sind im Laufe der Zeit dem Fortschritt angepasst worden. Zunächst dürfte die Förderung mit einem Tretrad erfolgt sein. 1713 wurde es durch eine Rossmühle abgelöst, die westlich des Brunnenhauses direkt an der Zwingermauer gestanden hat. Wie lange diese existierte, ist unklar; bis 1838 wird sie auf Plänen noch darge-

Die Schöpfkammer des Brunnenhauses (2016)

stellt. Die elektrische Pumpe stammt von 1927; 1972 wurde die Burg an das Fernwassernetz angeschlossen.

Das Tor zur Kernburg

Ein rundbogiges Tor führt in die Kernburg. Vor dem Tor kann man links noch den sog. »Hexenturm« an der Westspitze des Kommandantenbaus sehen, 1560 mit einem Gefangenenzelle im Untergeschoss angefügt, da im Amtssitz Heldburg auch Gericht gehalten wurde. Davon hat der Turm auch seinen Namen, erstmals 1825 erwähnt. Der Außenzugang zum Sockelgeschoss des Hexenturms ist bereits auf Plänen aus den 1660er Jahren verzeichnet. Im Zuge des Umbaus unter Georg II. erhielt er ein gestaffeltes Zeltdach mit Spitzhelm nach dem Vorbild des Sinwellturms der Nürnberger Kaiserburg.

Der Bogen des Haupttores ist inschriftlich »1712« datiert. Ein leicht ansteigender gekrümmter Torweg führt in den Hof. Die Durchfahrt war im Mittelalter kürzer und leicht spitzwinklig überwölbt und wurde erst in der Mitte des 16. Jahrhunderts verlängert. Die im Torgewölbe ersichtliche Baufuge setzt sich auf der linken Seite der Durchfahrt fort. Einige Buckelquader und ein Gesimsstein markieren eine senkrechte Kante, Hinweise auf die Ecke eines mittelalterlichen Torturms, der bis ins zweite Obergeschoss erhalten ist und um 1300 datiert werden kann. Auf der rechten Seite der Durchfahrt ist das Mauerwerk teilweise sehr kleinteilig, mit viel Mörtel. Hier wurden die Verblendungssteine abgebrochen, um die Torzufahrt zu verbreitern, und das Füllmauerwerk sichtbar, das nie als Ansichtsseite gedacht war. Diese Maßnahme steht mit dem neuen Torbogen von 1712 in Verbindung.

Torbereich innen mit Buckelquader und Gesimsstein in der Durchfahrt aus dem späten 13./frühen 14. Jahrhundert (2015)

Familiengrablege der Herzöge von Sachsen-Meiningen

An der rechten Seite des Torwegs führt eine Tür in zwei erneuerte Sockelgeschoss-Räume des Jungfernbaus. 1940–1942 sanierten die Nachkommen Herzog Georgs II. von Sachsen-Meiningen die Kapelle im Jungfernbau (s. u.) und richteten darunter ihre Familiengrablege ein. Als erstes Familienmitglied wurde dort der 1940 im Krieg gefallene Anton Ulrich von Sachsen-Meiningen beigesetzt. Nach der Enteignung 1945 wurden 2006 die sterblichen Überreste von Anton Ulrich und dessen Mutter Clara Marie, geb. Korff, erneut in die Grablege auf der Veste Heldburg überführt. Die im Februar 2010 verstorbene Erzherzogin Regina wurde neben ihnen beigesetzt. Die Sarkophage in der Gruft sowie die Urne wurden von der vierten Tochter Reginas von Habsburg, Gabriela von Habsburg angefertigt. Nach dem Tode ihres Mannes, Otto von Habsburg, 2011, wurde Reginas Leichnam in die Kapuzinergruft des Hauses Habsburg nach Wien überführt. Die Urne mit ihrem Herz ist auf ihren Wunsch in der Gruft auf der Veste Heldburg verblieben. Das Deutsche Burgenmuseum verdankt Regina von Habsburg viele Hinweise auf die Nutzung und Ausstattung der Burg vor 1945. – Ursprünglich befand sich in diesem Raum die im Zuge des Umbaus in der Mitte des 16. Jahrhunderts eingerichtete Silberkammer. Die acht Haken an der Decke stehen im Zusammenhang mit dieser früheren Nutzung. Sie sind bereits in einem Inventar von 1662 verzeichnet und haben zum Aufhängen gedient.

Die Kernburg

Der Innenhof

Hinter dem Torweg links befindet sich der Eingang zum Museum (Kasse, Information, Shop, Besuchertoilette), dann tritt man wieder auf den Hof. Er wird von fünf Gebäuden eingefasst. Im Uhrzeigersinn sind dies links der Kommandantenbau (mit der Museumskasse), dann das Restaurant Helene auf dem Keller des 1838 abgebrochenen Küchengebäudes, an der Nordseite der sogenannte Heidenbau (erster Teil der Dauerausstellung des Deutschen Burgenmuseums), rechts im Süden der Französische Bau mit Treppenturm und zwei Standerkern (zweiter Teil der Dauerausstellung), weiter rechts nahe dem Tor der Jungfernbau mit der gotischen Burgkapelle und dem hohen Treppenturm, der teilweise über der Burgzufahrt liegt (Ausstellungsräume der Thüringer Schlösserstiftung). Alle Gebäude sind als Einzelbauwerke konzipiert und erhielten erst in den 1560er Jahren innere Durchgänge und gemeinsam nutzbare Wendelstiegen. Jungfernbau und Kommandantenbau

Nachträgliche Zufahrt durch den Heidenbau mit Blick auf die Felskante und die Erweiterung der Burg nach außen (2005)

sind im Kern die ältesten Bauwerke. Heidenbau und Französischer Bau sind jünger und wurden außen an die ursprüngliche Ringmauer angefügt. Beim Französischen Bau führte die Hanglage dazu, dass nur zwei seiner Geschosse Fenster zum Hof haben.

Die Zisterne

Die übliche Wasserversorgung einer Burg erfolgte durch Zisternenwasser. Von Dächern und Hofflächen sammelt man über Rinnen das Wasser in einem Zisternenbecken, eventuell wurde das Wasser durch ein Kiesbett geleitet und dadurch grob gereinigt. Auf der Veste Heldburg ist eine Zisterne erst im Zuge des Umbaus um 1500 nachzuweisen ist. Vermutlich ließ Nikolaus Gromann in den 1560er Jahren den bestehenden in den Fels geschlagenen Zisternenhohlraum mit Sandsteinquadern auskleiden und um ein überwölbtes Filterbecken erweitern. Das Fassungsvermögen der Zisterne, die bis zur ersten Hälfte des 20. Jahrhunderts genutzt wurde, betrug etwa 20.000 Liter. 1504 war ein Zisternenhäuschen errichtet worden, das heutige ist inschriftlich 1712 datiert. Oft reichte das Regenwasser für die Versorgung der Burgbesatzung nicht aus, so dass weiterhin ein Transport von Trinkwasser mit der Hilfe von Eseln notwendig war. Das erklärt, dass auch nach der Errichtung von Brunnen und Zisterne der Eselstall im Heidenbau als solcher verzeichnet war und immer wieder Kosten für den Transport von Wasser durch Esel angefallen sind.
Betrachten wir nun das Äußere der Gebäude im Uhrzeigersinn. Der **Kommandantenbau** ist dreigeschossig und besteht überwiegend

Frauenerker des Französischen Baus

Tugendallegorien am Frauenerker des Französischen Baus

Die Erker des Französischen Baus

Zwei reich geschmückte Standerker, ehemals von Karyatiden und Hermen getragen, bestimmen die Hoffassade des Französischen Baus. Die 1562 entstandenen Erker, der linke vor den Wohnräumen der Herzogin, der rechte vor denen des Herzogs, präsentieren ein reformatorisches Bildprogramm, das vor dem Hintergrund der Grumbach'schen Händel gesehen werden muss. In den Brüstungsfeldern der Obergeschosse werden acht christliche Tugendallegorien acht »Männern« gegenübergestellt. Während die Tugenden im 16. Jahrhundert allgemein als ideale Herrschertugenden anerkannt waren, verweisen die »Männer«, von denen sich fünf als Personen aus dem sächsisch-ernestinischen Haus und drei als Verbündete identifizieren lassen auf die Genealogie und damit den Machtanspruch Johann Friedrichs II. Sein Wappen und das seiner Frau Elisabeth von der Pfalz in den Giebeln stehen über diesem Bildprogramm, in dem sich Herzog Johann Friedrich II. als rechtmäßiger Nachfolger seines Vaters und ausgestattet mit den Herrschertugenden zeigt.

aus verputztem Bruchstein. Der vollflächige Putz auf allen Fassaden schränkt Aussagen zur Baugeschichte über das Mauerwerk etwas ein. Mittig in der Hoffassade ist ein großer gotischer Portalbogen erkennbar, der seit dem großen Umbau in den 1560er Jahren vermauert ist.

Der Innenhof der Heldburg nach Südwesten mit Französischem Bau, Zisterne und Hauptturm

An der der Küche (Gaststätte) zugewandten Giebelseite steht eine Veranda von 1899. An der wieder modern verputzten Wand waren im Erdgeschoss zwei Schlitzfenster zu sehen, die die ehemalige Hofstube spärlich beleuchteten. Über der Veranda befindet sich das 1899 geschaffene Wandgemälde des hl. Georg als Drachenbezwinger, das auf den Namen des Bauherrn, Georg II., Bezug nimmt. Der Maler, Arthur Fitger (1840–1909), war hauptsächlich in Norddeutschland beschäftigt.

Französischer Bau, Jungfernbau und Kommandantenbau von Norden gesehen (Björn Chilian, 2023)

Die Giebelseite des Heidenbaus vor Errichtung der Gaststätte (2005)

Auf dem Kellergeschoss des 1838 abgebrochenen **Küchenbaus** steht die 2020–2023 errichtete Gaststätte »Helene«, benannt nach der Ellen (Helene) Franz, Gemahlin Herzog Ernsts II. Das ehemalige Küchengebäude aus der Mitte des 16. Jahrhunderts schloss unmittelbar an den **Heidenbau** an, an dessen Giebelseite noch Spuren früherer Küchengewölbe zu sehen sind. Die Hoffassade besteht heute teilweise aus Fachwerk. Im Zuge des Abbruchs des Küchenbaus 1838 ist die Steinfassade des Heidenbaus samt dem Treppenturm durch eine Fachwerkwand ersetzt worden. Ganz links befindet sich ein rundbogiger Abgang in den tiefen Gewölbekeller von 1509. Die Durchfahrt wurde unter Johann Friedrich II. in den 1560er Jahren eingefügt. Rechts davon richtete Herzog Ernst I., der Fromme, um 1663 die neue Schlosskirche ein, wobei der Fußboden gegenüber dem Hof angehoben und der Kellerraum durch den Einbau eines Gewölbes in zwei übereinander gelegene Etagen geteilt wurde,

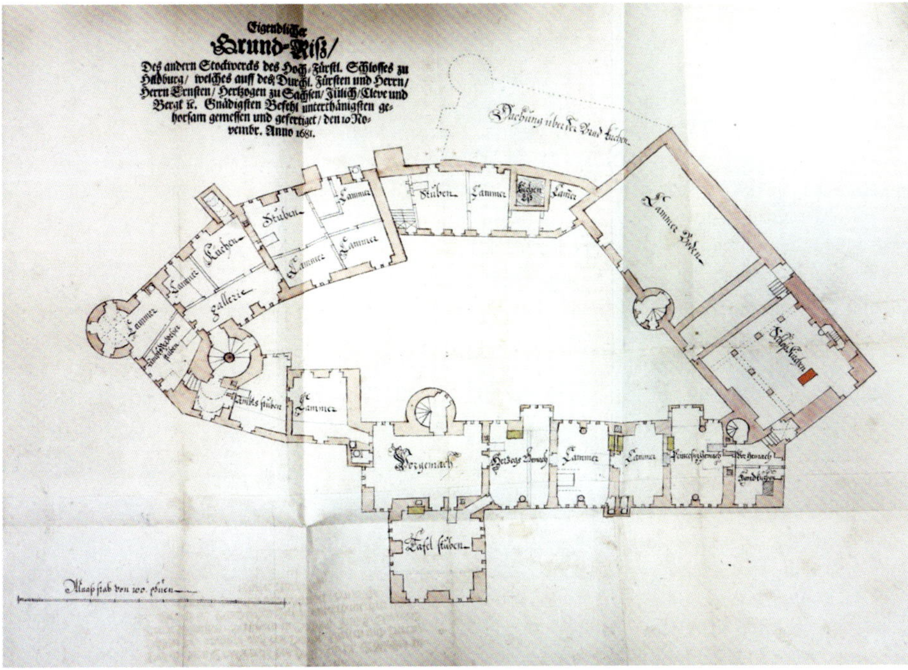

Grundriss der Heldburg von 1681 mit den damaligen Raumfunktionen im 1. Obergeschoss

von denen der obere von der Durchfahrt zugänglich ist (»Eselstall«).

Im spitzen Winkel schließt sich rechts auf der Südseite der **Französische Bau** an, dessen kleine Wendeltreppe beide Flügel erschließt. Hofseitig sind zwei Geschosse des Französischen Baus sichtbar; es handelt sich um die Geschosse, in denen sich die fürstlichen Wohn- und Repräsentationsräume befanden. Zwei Standerker mit einem reichen Bildprogramm gliedern die Fassade. Die große zu zwei Dritteln aus dem Bau herausragende Wendelstiege mit einem aufwendigen Portal dient als Haupterschließung des Baus. Nach Westen fügt sich der sogenannte Jungfernbau mit noch zwei sichtbaren aber vermauerten Rundbogenfenstern in der Ostfassade an. Der Bau mit darunter liegender bereits erwähnter Grablege hatte noch zwei Fachwerkgeschosse, die im 19. Jahrhundert abgebrochen und durch eine im historistischen Stil zinnenbewehrte Terrasse ersetzt worden sind.

Die Innenräume

Der Kommandantenbau

Der Besucher betritt den Kommandantenbau (mit der Kasse und dem Museumsshop) im Erdgeschoss vom Torweg aus und gelangt in eine niedrige Halle mit Kreuzgewölben auf zwei schweren Pfeilern. Vor 1560 enthielt das Erdgeschoss einen einzigen ungewölbten Raum, durch das große gotische Tor zum Hof aus zugänglich, die Hofstube. Die Speisen mussten von der Küche über den Hof getragen werden. Johann Friedrich II. ließ in den 1560er Jahren die

Geschosshöhen des Baus verändern, das Erdgeschoss aufteilen und ein Gewölbe im linken Raum einziehen. Dieser Raum diente nunmehr als Stall, der angrenzende Raum weiterhin als Hofstube. Durch den Umbau wurde auch die bisherige Binnendifferenzierung im Obergeschoss aufgegeben. Von den archivalisch belegten spätmittelalterlichen Herzogsgemächern und dem Saal finden sich nur noch wenige Spuren, darunter die Reste einer Bohlenstube und Teile einer illusionistischen Ausmalung. Denkbar ist, dass es sich um die Stube Herzog Johann des Beständigen, Bruder des Kurfürsten, gehandelt hat, für den 1506/07 ein Gemach ausgebaut worden war.

Der neue Eckraum im 1. Obergeschoss bezieht den neuen »Hexenturm« mit ein (um 1560, bei Sonderführungen zu sehen). Er ist mit einem Faltengewölbe ausgestattet. Im 2. Obergeschoss befindet sich die sogenannte **Freifraukemenate**. 1895–1898 hatte Herzog Georg II. diesen Raum nach Entwürfen des Basler Architekten Emanuel La Roche (1863–1922) ausstatten lassen. Er widmete dieses »Burgzimmer« bzw. »gothische Zimmer« seiner Gemahlin, der Freifrau von Heldburg, deren Wappen den Kamin ziert. Hier ist die originale wandgebundene Ausstattung im »gothischen Stil« erhalten geblieben. Die von einer hölzernen Stütze getragene Bohlenbalkendecke erinnert an Vorbilder aus dem süddeutschen und alpenländischen Raum, ebenso die Vertäfelung in spätgotischer Manier mit Flachschnitzereien in Rankendekor. Über einige Stufen in der Nordostecke des Raumes ist ein kleiner kreuzgratgewölbter Raum zugänglich. Dieser befindet sich im Bereich des ehemaligen Torturms, direkt über dem Hauptzugang zur Burg, und ist mit einem Balkon versehen. In diesem kleinen Kabinett befinden sich noch die originalen neugotischen Wandvitrinen, die zur Verwahrung der Erinnerungsgeschenke zum 25-jährigen Hochzeitsjubiläum des Herzogspaares angefertigt worden waren. Als Gesellschaftszimmer, in das beispielsweise Johannes Brahms, Max Reger, Ernst Haeckel und Franz von Lenbach eingeladen wurden, wurde die Freifraukemenate zum Ort künstlerischen Austauschs.

Der Heidenbau

Der Rundgang des Deutschen Burgenmuseums ist so angelegt, dass man durch keinen Raum zweimal gehen muss, aber zweimal hat man den Hof zu queren. Der Besucher geht zunächst in den Heidenbau. Neben dem Kellerportal gibt es in der Fachwerkwand den Eingang ins **Erdgeschoss**. Die linke Gebäudeachse ist durch eine Bruchsteinwand vom übrigen Raum abgetrennt. Rechts davon gibt es einen Raum mit zwei Achteckpfeilern. In der Bruchsteinmauer der Durchfahrt stecken weitere Achteckpfeiler. Vor dem Einbau der Durchfahrt war das Erdgeschoss durch Achteckpfeiler in Nord-Süd-Richtung vierschiffig in sechs Achsen gegliedert. Die an einigen Pfeilern erkennbaren rechteckigen Löcher dienen zur Abteilung von Stallungen durch eingestellte Fachwerkwände; die Herstellung dieser Löcher wird in der Amtsrechnung von 1511/12 abgerechnet. Auf den Pfeilern liegen schwere Unterzüge und darüber die Querbalken. Einige sehen aus, als wären sie hofseits etwas zu kurz geraten, wenn man diese genauer betrachtet, erkennt man die gerundete Form des Balkenendes – hier stand einst der Treppenturm. Die großformatige Wandmalerei ist ein Ausstellungsstück des Deutschen Burgenmuseums; sie zeigt eine Ritterschlacht, stammt aus Artins (Frankreich) und ist mit einer Entstehung um 1180/1200 eines der ältesten Gemälde in einem Museum in Deutschland.

Vom Eingang führt eine moderne Treppe ins Obergeschoss. Nach wenigen Stufen kann man einen Einbau aus senkrechten Bohlen sehen. Was heute ziemlich ruinös wirkt (und ist), war einst relativ komfortabel, nämlich eine aus Holzbohlen gezimmerte Stube (an der Vorderseite fehlen heute einige Bohlen) mit einem Kachelofen an der linken Seite, wo sich auch der Eingang befand. Über der Türöffnung wurde,

Der Eingangsraum des Deutschen Burgenmuseums im Erdgeschoss des Kommandantenbaus (2014)

vermutlich im 18. Jahrhundert, ein Segensspruch in lateinischer Schrift geritzt: »Gott segne euren Eingang«. Die Hölzer der Bohlenstube sind auf 1488/89 datiert und weisen Spuren von Zweit- und Drittverwendungen auf, die Stube wurde mehrfach umgebaut.
Damals gehörte zu einer Stube auch eine Kammer zum Schlafen. Diese war hier unangenehm klein und niedrig; sie befand sich auf dem Treppenhals der Kellertreppe. Zu einer Kammer gehört wiederum ein Abtritt, diesen gab es innerhalb der dicken Quadermauer gleich gegenüber der Stubentür. Das kleine Appartement aus Stube und Kammer kann über die historischen Pläne und Inventare dem Kellermeister zugeordnet werden, der die Schlüsselgewalt über den großen (Wein-)Keller hatte. Die moderne Treppe führt hinauf bis zum Dachgeschoss aus dem frühen 19. Jahrhundert, eine Glastür gewährt einen Blick auf das Dachwerk, das von drei Reihen mit Ständern und Kopfbändern gestützt wird. Es stammt aus dem Jahr 1838 (d) und ersetzt ein zu Wohnzwecken intensiv ausgebautes Dachgeschoss von 1509 (d). Im Dachgeschoss wurden bereits 1511 zwölf Räume ausgebaut. Es dürfte sich dabei um Wohnräume für untergeordnete Personengruppen des Hofes gehandelt haben.
Im 1. Obergeschoss wiederholt sich die vierschiffige Konstruktion mit auf 1509 (d) datierten hölzernen Säulen. Zwischenwände gab es ursprünglich nicht. Erst eine jüngere Fachwerkwand, die die gotischen Achtecksäulen einbezieht, trennt die Kirchenempore ab. Von der Empore aus sieht man die Fachwerkwand mit Streben und Bändern, die über zwei Riegel geblattet sind, im südlichen Thüringen typisch für das 17. Jahrhundert. Die Hölzer sind auf 1565/66 datiert und wurden hier zweitverwendet. Die Schlosskirche wurde 1665 als Kapelle »Zum heiligen Kripplein« geweiht. Von der Empore gab es, ähnlich wie

Die »Freifraukemenate« im Obergeschoss des Kommandantenbaus mit der wandgebundenen Ausstattung von 1890/95

heute hinter dem Aufzug, eine direkte Verbindung zum 1. Obergeschoss des Französischen Baus mit den herzoglichen Appartements. Herzog Ernst I. der Fromme richtete sich damals also einen direkten Zugang von seinen Gemächern zur Kirche ein. Auf Zeichnungen des 17. Jahrhunderts sind die hölzernen Stützen von 1663 verputzt und stützen Segmentbogenarkaden. Die Brüstungen waren durch Grisaillemalereien mit alttestamentarischen Szenen geschmückt.
Eine moderne Treppe führt von der Empore zum Kirchensaal. Auf halber Höhe überquert man die nachträgliche Einfahrt oberhalb ihres Gewölbes und kann durch eine Glastür einen Blick auf die ursprünglichen Achteckpfeiler des Erdgeschosses in diesem Bereich werfen. Der Raum oberhalb der Durchfahrt diente, gemäß den historischen Grundrissen, als Sakristei. Im Kirchensaal fällt vor allem die Kanzeltreppe innerhalb der nordöstlichen Mauer sowie die zugehörige Öffnung vor die eine Kanzel gesetzt war auf. 1665 war die Kanzel aus dem Saal im Französischen Bau (siehe unten) in die damals neue Kirche versetzt worden. Der Kanzelkorb ist nicht erhalten, aber durch eine Zeichnung überliefert.
Der Rundgang führt nun über den Hof zum Hauptportal des Südflügels, seit 1831 als »Französischer Bau« bezeichnet, zuvor war es einfach der »Neue Bau«.

Der Französische Bau

Die große Wendeltreppe ist vom Hof zugänglich und erschließt alle vier Geschosse des Französischen Baus sowie das Dachwerk. Die beiden unteren Geschosse sind z. Z. (2024) noch nicht restauriert, wir stellen sie an dieser Stelle dennoch vor, da sie zum Rundgang des Deutschen Burgenmuseums gehören und teilweise in Sonderführungen zu sehen sind. Dem Rundgang fol-

Eingangsraum im Heidenbau mit segmentbogig abgeschnittenen Balken, die in den früheren Wendeltreppenturm einbanden

Die Bohlenstube im Heidenbau, links vermauerter Zugang zum Abtritt

Obergeschoss des Heidenbaus mit Ausstellungsraum des Deutschen Burgenmuseums

Die Kapelle von 1665 im Heidenbau, rechts die Kanzelnische

gend beschreiben wir zunächst das Ratsgeschoss (Tieferdgeschoss), dann das Badestubengeschoss (unterstes Geschoss), anschließend das Saalgeschoss (2. Obergeschoss) und schließlich das Wohngeschoss (1. Obergeschoss).

Ratsgeschoss (Tieferdgeschoss)

Wenige Stufen abwärts gelangt man in das Tief-Erdgeschoss. Es wird nur durch Fenster zum Tal (Südseite) belichtet. Der Grundriss ist in allen Stockwerken ähnlich: In der Länge schließen sich sechs Räume aneinander, am westlichen Ende gibt es den zum Tal vortretenden kurzen Querflügel mit einem Raum in jedem Stockwerk. Tatsächlich hat dieser Querflügel sogar noch zwei Untergeschosse mehr als der übrige Französische Bau, ganz unten lag eine kleine Wohnung des Torwächters, die ausschließlich vom Torweg zugänglich ist. Hier im Tieferdgeschoss befand sich eine Rätestube. An sie schließen sich eine Kammer und ein Vorgemacht an, heute zu einem Raum vereint, in den der Treppenaufgang mündet. Nach Osten folgen zwei Appartements, jeweils aus Stube und Kammer mit Abtritt. An den Fenster- und Türgewänden des Tieferdgeschosses zeichnen sich noch Farbfassungen der Bauzeit ab. Das Deutsche Burgenmuseum wird hier künftig die Entwicklung des Burgenbaus im Mittelalter, die Methoden der Burgenforschung und historische Aspekte präsentieren. Am Ostende liegt im spitzen Winkel zwischen Französischem Bau und Heidenbau die kleine Wendelstiege, die beide Gebäude erschließt. Über sie führt der Rundweg in das unterste Geschoss.

Das Badestubengeschoss (Sockelgeschoss)

Das Badestubengeschoss ist zweigeteilt und hat nur Fenster nach Süden. Der östliche Abschnitt mit der mehrteiligen Badestube war ursprünglich durch eine geschlossene Wand vom westlichen Abschnitt getrennt und nur über die kleine Wendelstiege zugänglich. Der lange Vorraum an der Felsseite verdeutlicht, dass der Französische Bau über die ehemalige Ringmauer hinaus ins Tal bzw. an den Hang gesetzt wurde. Bei den drei talseitigen Räumen handelt sich von Ost nach West um den Vorraum der Badestube, von dem aus ein Ofen mit einem eingemauerten Kupferkessel erhitzt wurde, um die eigentliche Badestube mit einer kupfernen Badewanne und um das »Ausziehstüblein« (eigentlich eine Kammer) samt Abtritt. Westlich schließt sich eine Folge von drei weiteren Räumen an, die im 17. Jahrhundert Musikanten als Wohnraum aus Kammer und Stube diente. Der Raum im dreiseitig belichteten Raum im Anbau diente als Archiv. Die vier westlichen Räume waren nur über die große Wendelstiege zu erschließen.
Im letzten (westlichen) Raum führt eine Mauertreppe in das Ratsgeschoss darüber, dort setzt die Wendetreppe an, über die der Besucher nun in das oberste Geschoss geht.

Das Saalgeschoss (2. Obergeschoss)

Das Saalgeschoss ist das oberste Vollgeschoss und diente der fürstlichen Repräsentation. Der Besucher gelangt heute in einen Raum, dessen Ausstellung dem Thema »Ritter« gewidmet ist. Der Raum war ursprünglich deutlich größer – die Trennwand ist erst 1895 eingezogen worden – und diente als großer Saal. Im nach Süden anschließenden Anbau befand sich die kleinere, aber im Winter mittels eines Ofens leicht zu beheizende, sogenannte Saalstube.
Neben der Wendeltreppe haben sich an der Mauer die unverputzt belassenen Spuren eines archivalisch bezeugten »Predigtstuhls« erhalten, der nur von der Wendelstiege zu betreten war. Der Raum hatte bis zur Einrichtung der Kirche im Heidenbaus also eine doppelte Funktion. Einerseits war es ein Saal für festliche Anlässe und andererseits ein Kirchenraum als Ersatz für die zuvor aufgegebene Kirche im Jungfernbau. Mit der Einrichtung der 1665 geweihten Kirche

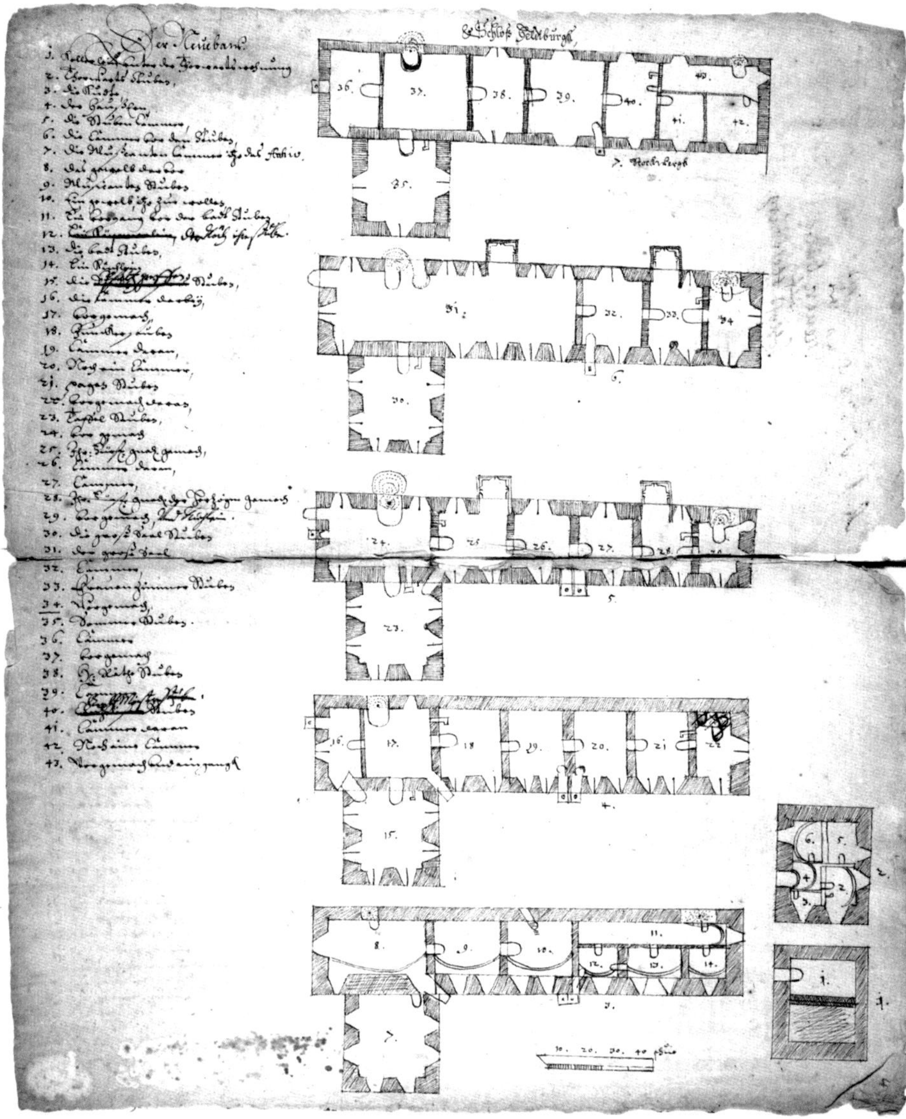

Grundriss des Französischen Baus mit Raumfunktionen, um 1660 (ThStA Meiningen, Amtsarchiv Heldburg Nr. 1 Bl. 03v4r)

im Heidenbau wurde die Kanzel dorthin versetzt und der Saal verlor seine kirchliche Nutzung. Der Kamin an der Südwand ist ein Überbleibsel der historistischen Ausstattung. Er entstand um 1895 und ist am großen Kamin im Schloss Blois orientiert.

Kammer der Räte mit Kamin und (nicht im Bild) Abtritt

Nach Osten folgt ein hochrangiges Appartement aus Kammer, Stube und Vorgemach – der Museumsrundgang führt durch dieses Appartement also heute in der falschen Reihenfolge. Das Burgenmuseum behandelt in der ehemaligen Kammer das Thema »Kammer« (mit Bett und Abtrittzugang) und in der Stube das Thema »Stube« (mit Kachelofen). Die Raumflucht wird durch das Vorgemach abgeschlossen, ohne Bezug zur früheren Nutzung zeigt das Museum hier Objekte zum Umgang mit Kindern auf Burgen – ein Kinderzimmer in unserem Sinne gab es früher nicht. Über die kleine Wendeltreppe geht es nun ein Stockwerk hinunter, in das fürstliche Wohngeschoss.

Das fürstliche Wohngeschoss (1. Obergeschoss)

Im Rundgang durchwandert man dieses Geschoss von Ost nach West. Die Tür aus der Wendeltreppe führt in einen getäfelten Raum mit einem historistischen Kachelofen. Es handelte sich ab etwa 1895 um das Ankleidezimmer Herzog Georgs II. und wurde damals neu ausgestattet. Zur Bauzeit handelte es sich um den Vorraum zum Gemach der Herzogin, von dem aus man den Ofen in der sich anschließenden Stube beheizen konnte. 1665 wurde ein direkter Zugang auf die Kirchenempore im Heidenbau geschaffen. Zeitgleich wurde ein Teil des Raumes durch eine schmale Holzwand (die Ansätze der um 1895 erneuerten Wand sind seitlich noch zu sehen) abgeteilt und eine kleine Küche für die Herzogin eingerichtet – eine »Handküche«, heute würde man von einer »Teeküche« sprechen.

Badestube im untersten Vollgeschoss, dahinter die Kammer, rechts der Vorraum, hinter dem Fotografen (nicht im Bild) die Heizkammer

Der Vorraum vor der Badestube stößt direkt an den Felsen (links) und befindet sich daher an der Kante unmittelbar vor der älteren (abgebrochenen) Ringmauer. Rechts die Badestube, hinten die kleine Wendeltreppe

Die beiden nächsten Räume (museale Nutzung: Weiternutzung der Burg als Renaissanceschloss bzw. als Festungen) waren die Stube und die Kammer der Herzogin. Die Stube als tagsüber genutzter Aufenthaltsraum war durch den Erker besonders hervorgehoben, der einen guten Blick auf den Hof ermöglichte. Beheizt wurde die Stube einerseits durch einen Ofen, darüber hinaus gab es in der Stube der Herzogin aber auch einen Kamin. Dieser hatte vor allem repräsentative Zwecke und ist im späten 19. Jahrhundert innerhalb des Geschosses in den Vorraum des Herzogs versetzt worden. In die anschließende Kammer zog sich die Herzogin zum Schlafen zurück; der Raum enthielt ein herzogliches Bett – ein Himmelbett mit Vorhängen – sowie darunter ein Schubbett für die Kammerzofe der Herzogin. In der Südwestecke des Raumes ist der heute vermauerte Zugang zu einem Abtritt erkennbar.

Mit der Kammer endet die Raumfolge der Herzogin, es folgt das Appartement des Herzogs. Hier ist die Reihenfolge der Räume umgekehrt: An die Kammer der Herzogin schließt die Kammer des Herzogs an. Bemerkenswert ist hier die Türrichtung. Die »Außenseite« der Tür weist zum Herzog, die »Innenseite« mit der tiefen Türlaibung zur Kammer der Herzogin. Repräsentativer sind seine Räume, aber der privateste Raum ist ihre Kammer. Die Stube des Herzogs ist wie die der Herzogin durch den Erker gekennzeichnet. Zwi-

Badestuben in Burgen

Im eigenen Hause baden zu können, war ein besonderer Luxus, den sich meist nur die Bauherren von Burgen leisten konnten und auch hier keineswegs überall. In Städten gab es lange nur gemeinschaftliche Badehäuser. Archäologische Belege für Badestuben auf Burgen gibt es bereits im 3. Drittel des 11. Jahrhunderts im Schlössl bei Klingenmünster (Rheinland-Pfalz); zu den Beispielen der Renaissance gehören die Badestuben auf der Veste Heldburg und dem Schloss Ambras; eine Besonderheit ist das Barockbad im Schloss Weilburg in Hessen. Die Badestube gibt es immer als Raumgruppe aus einem Vorraum mit Anheizmöglichkeit für das Wasser, einer beheizbaren Badestube mit Wasserbecken und einer Kammer zum Ausruhen. Innerhalb der Burg lag sie meist dort, wo das Wasser leicht hingeschafft und gut erhitzt werden konnte, generell also im unteren Geschoss, manchmal in einem eigenen Gebäude.

Der westliche Teil des Saales im 2. Obergeschoss, heute Ausstellungsraum zum Thema »Ritter«

Ofenstelle in der Tafelstube im 2. Obergeschoss

Der verkleinerte Saal, Blick nach Westen

Ankleidezimmer, um 1895, im herzoglichen Wohngeschoss

Stube der Herzogin, Aus
stellungsraum zur Weit
nutzung der Burgen in
frühen Neuzeit, Karyati-
den vom Frauenerker d
Französischen Baus der
Heldburg

schen ihm und dem nächsten Fenster befindet sich ein prachtvoller Kamin der Renaissancezeit. Im Erker der herzoglichen Stube wurde die historistische Wandausstattung mit Vertäfelungen von 1895 rekonstruiert. Aus der Stube des Herzogs gibt es in Südwestecke eine direkte Verbindung in den dreiseitig belichteten Raum in Anbau, der ihm als Tafelstube diente und 1565 unter anderem mit zwei Geweihleuchtern ausgestattet war.
Den Abschluss des Appartements bildet das Vorgemach mit Zugang zur ehemaligen Tafelstube im Anbau und zur großen Wendelstiege. In diesem Raum hat sich ein Teil der historistischen Ausmalung von etwa 1895 bewahrt; ein historistischer Kachelofen (Weltteileofen) wartet auf seinen Wiedereinbau. Der Renaissance-Kamin mit Jagdszenen stammt aus der Stube der Herzogin.

Der Jungfernbau

Der Ausgang des Deutschen Burgenmuseums führt aus dem Französischen Bau in den anschließenden Jungfernbau mit der ehemaligen Burgkapelle. Der Jungfernbau zählt zu den ältesten Bauten der Veste Heldburg. Die zwei erhaltenen im Mauerwerk eingebundenen, als Nischen erhaltene aber zugesetzten Rund-

Die Stube des Herzogs war mit einem Ofen und einem Kamin ausgestattet

Jagdszene des Kamins aus der Stube der Herzogin, der im 19. Jahrhundert in den Vorraum der herzoglichen Gemächer versetzt wurde

Die Renaissance-Kamine aus den herzoglichen Stuben

Die herzoglichen Stuben wurden – entgegen ihrer funktionalen Entwicklung – mit aufwendig gestalteten Kaminen beheizt. In einem Schreiben ordnete der Baumeister im Auftrag des Herzogs im April 1562 an *»zu G. f. g. Stuben und zu der Herzogin stuben Zwei schone camin zu machen mit bilden und anderer zierung«*. Ein Beleg dafür, dass die Kamine in beiden »Stuben« also repräsentative Zwecke erfüllen sollten, die in einer »Kammer« nicht sinnvoll gewesen wären, weil diese als Rückzugsort der Herzöge nur wenigen Personen zugänglich war. Die bildliche Darstellung im Brüstungsfeld des von Hermen getragenen Kamins in der Stube des Herzogs kann mit Hilfe von Fotos und einer Nachzeichnung aus dem späten 19. Jahrhundert rekonstruiert werden. Es handelt sich wahrscheinlich um eine Szene aus der Fabel »Reinecke Fuchs«. Der grundsätzlich gleich aufgebaute, aber von Karyatiden getragene Kamin aus der Stube der Gemahlin des Herzogs – Ende des 19. Jahrhunderts in den Vorraum des Herzogs versetzt – zeigt in der Brüstung Jagdszenen. Für die Frontseite hat sich der Bildhauer einen Kupferstich des Bildhauer Virgil Solis zum Vorbild genommen. An die bildliche Ausstattung bestand also ein hoher Anspruch.

Ehemaliger Vorraum der herzoglichen Gemächer mit restaurierter Ausstattung um 1895

bogenfenster sprechen dafür, dass der Bau von vorneherein als Kapelle geplant gewesen ist. Die malerische Ausstattung der Kapelle stammt aus dem 1. Jahrzehnt des 16. Jahrhunderts, spätestens jetzt wurden die zwei Fenster vermauert. Die figürliche Bemalung zeigt eine Darstellung der in reiche Blattranken, eingebundenen 14 Nothelfer. In die Malerei ist

Ostwand der gotischen Burgkapelle mit 1942 übermalter Wandmalerei der 14 Nothelfer

Wandmalerei in der Sammlung des Deutschen Burgenmuseums: Ritterschlacht (Artins, Frankreich, um 1180)

Vogelschau auf die Heldburg, im Vordergrund Jungfern- und Kommandantenbau, rechts der Französische Bau, hinten der Heidenbau

das Wappen Kurfürst Johann Friedrichs I. eingebunden. Die Zuschreibung an die Cranachwerkstatt beruht auf der Verbindung Cranachs zum Auftraggeber; es lassen sich jedoch keine stilistischen Hinweise für eine solche künstlerische Urheberschaft nachvollziehen, zumal die Malerei 1942 weitestgehend übermalt wurde. Um 1560 wurde die Kapelle aufgegeben.

Der Hauptturm

Der Ausgang aus der Kapelle führt in die Wendelstiege im Hauptturm, der in den 1560er Jahren an der Gelenkstelle zwischen Kommandanten- und Jungfernbau errichtet wurde. Angepasst an die neuen Geschosshöhen erschloss die Wendelstiege bequem beide Gebäudeteile. Sie löste die bis dahin vorhandenen Außentreppen ab. Hofseitig hat die Wendelstiege Fenster mit Sitznischen. Über der Dachebene wird die Wendelstiege zum Turm, der in den Obergeschossen 1560 die runde Amtmannsstube und die zugehörige Kammer enthielt. Unter Georg II. wurde 1897 oberhalb des ehemaligen Kranzgesimses ein neues Turmgeschoss mit einem mächtigen Konsolgesims aufgesetzt. Eine gusseiserne Treppe führt in dieses Turmgeschoss, von dem aus sich ein weiter Rundblick über das Heldburger Land bis zur Veste Coburg bietet. Als Turmabschluss wurde ein hoher spitzer Helm aufgesetzt. Seitdem hat der Turm eine Höhe von 18 Metern.

Weiterführende Literatur

Fleck, Niels, Großmann, G. Ulrich, Paulus, Helmut-Eberhard: Veste Heldburg. Amtlicher Führer, Stiftung Thüringer Schlösser und Gärten, München, 2016

Fritze, Eduard: Die Veste Heldburg, in: Paul Lehfeld: Bau- und Kunstdenkmäler Thüringens, hrsg. v. Voss, Georg, Herzogthum Sachsen-Meiningen, Bd. II., Kreis Hildburghausen, Jena 1904, S. 287–327 (auch als Separatdruck)

Grohmann, Inge: Wasser für die Veste Heldburg. Wassergewinnung und Wassernutzung auf der Höhenburg, Norderstedt 2017

Großmann, G. Ulrich, Anja Grebe: Burgen. Geschichte – Kultur – Alltagsleben. (Handbuch zum Deutschen Burgenmuseum.) Berlin 2016

Gröschel, Julius: Nikolaus Gromann und der Ausbau der Veste Heldburg 1560–1564 mit den Bauurkunden des Burgarchivs von 1558–1566. In: Neue Beiträge zur Geschichte deutschen Altertums, hrsg. v. henneb. Altertumsforschenden Verein in Meiningen, Elfte Lieferung, Meinigen 1892

Hagenguth, Claudia: Veste Heldburg. Ansätze zur Rekonstruktion der Burganlage im 16. Jahrhundert. (ms. Magister-Arbeit) Bamberg 2006

Hagenguth, Claudia: Die Veste Heldburg. In: Das Heldburg-Buch. Beiträge zur Geschichte der Stadt Heldburg, hrsg. v. Stadt Heldburg, Bad Colberg-Heldburg, 2012, S. 55–95

Hopf, Udo: Der Festungsbau am Schloss Heldburg 1663/64. In: Festungsjournal, 31, 2008, S. 26–31

Reß, Ludwig: Geschichte und Beschreibung der Veste Heldburg, Hildburghausen 1888

Römmelt, Stefan W.: Wilhelm von Grumbach (1503 – 1567) Reichsritter. In: Schneider, Erich (Hrsg.): Fränkische Lebensbilder. Bd. 21 (Veröffentlichung der Gesellschaft für fränkische Geschichte Reihe VII A), Würzburg, 2006, S. 71–102

Unbehaun, Lutz: Leben und Werk des Baumeisters Nikolaus Gromanns. Ein Beitrag zur thüringischen Kunstgeschichte. In: Jahrbuch der Coburger Landesstiftung, Bd. 38, Coburg, 1993, S. 335–367

Das Deutsche Burgenmuseum

Das Deutsche Burgenmuseum ist weltweit die erste Einrichtung, die die Aufgaben und die Entwicklung von Burgen überregional umfassend darstellt. An mitteleuropäischen Beispielen zeigt das Museum, weshalb Burgen entstanden, wie sie sich im Laufe von Generationen immer wieder veränderten und wie man sie neuen Anforderungen anpasste. Die Burg als verteidigungsfähiger Wohnsitz der Herrschaft steht in Mittelpunkt. Dazu dienen maßstabsgetreue Burgenmodelle zu beispielhaften Bauten, originale Objekte aus allen Gattungen – von Waffen über Möbel bis zum Kochgeschirr, Gemälde und Objekte aus Burgkirchen und -kapellen, historische Dokumente und Graphiken sowie aktuelle Abbildungen und moderne Medien. Ein wichtiger Bestandteil der Ausstellung sind die historischen Räume der Heldburg selbst, die für viele Ausstellungsthemen den passenden Rahmen bilden.

Die Dauerausstellung des Deutschen Burgenmuseums befindet sich im Heidenbau (Einführung, derzeit auch Geschichte und Architektur der Burgen im Mittelalter) sowie im Französischen Bau (Ritter, Glaube, Burgkapellen und Ritterorden, Wohnen in der Burg, Burgen nach dem Mittelalter). Der Heidenbau bietet mit seiner spätmittelalterlichen Hülle sowie der barocken Schlosskapelle Platz für die einführenden Sequenzen. Der großzügige Raum im Obergeschoss ist für Sonderausstellungen vorgesehen; bis zur Fertigstellung des Französischen Baus werden hier die Ausstellungseinheiten zum Burgenbau, zur Burgenentwicklung und zu den wirtschaftlichen Grundlagen Platz finden. Zum Thema »Bauen einer Burg« kann das Museum auf alte Werkzeuge und historische Abbildungen zurückgreifen. Um aus einem Gesteinsblock einen Quader herauszuschälen, sind unterschiedlichste Arbeitsvorgänge und Werkzeuge erforderlich. Das Heben und Montieren von Quadern mit einem »Wolf« oder einer Steinzange hinterlassen an den Bauwerken markante Spuren, die sogar ein Datierungskriterium sind. Bemerkenswert sind aber auch ungewöhnliche Baumaterialien, beispielsweise mittelalterliche Backsteine von Burgen aus dem Mittelgebirge und dem Alpenraum.

Im obersten Geschoss des »Französischen Baus« wird der »Ritter« thematisiert, seine Ausbildung, das Kriegswesen, die Turniere, die ritterlichen Tugenden und Gläubigkeit der Ritter. Als besonderer Aspekt gehören dazu die Ritterorden von den Kreuzzügen ins Heilige Land bis zum Deutschen Orden in Preußen und im Baltikum. Ausgehend von einer Inszenierung zweier kämpfender Ritter wird nicht nur die Ausbildung vom Knappen bis zum Ritterschlag gezeigt, sondern auch die Panzerung und Bewaffnung, die sich in den Jahrhunderten des Mittelalters stark gewandelt hat.

Ein innovativer Aspekt betrifft die Frage nach dem vermeintlichen »Ende der Burg« durch Einführung der Feuerwaffen um 1500. Ein Großteil der Burgen wurde auch im 16. und 17. Jahrhundert als verteidigungsfähiger Wohnsitz weitergenutzt und tatsächlich erst um 1700 oder oft sogar erst im 18. Jahrhundert aufgegeben. Einige wurden militärisch perfektioniert und es entstanden Festungen, andere überstanden als Jagdsitz oder als Amtssitz. In Amtssitzen wurde auch Gericht gehalten, hier beginnt im Laufe des 16. Jahrhunderts die unrühmliche Geschichte der Folter in Burgen, die bis zum 18. Jahrhundert währen sollte.

Mit dem Verfall vieler Burgen im 18. Jahrhundert, setzten Burgenromantik und Burgenforschung ein. Burgenbegeisterung führte ab dem 18. Jahrhundert zunehmend zum Besuch von Burgen und Ruinen und somit zu einem frühen Burgen-Tourismus, dessen Entwicklung bis ins 20. Jahrhundert betrachtet wird.

1. Auflage 2024

Leibnizstraße 13, 93055 Regensburg
Satz: typegerecht berlin
Gesamtherstellung Verlag Schnell & Steiner
ISBN 978-3-7954-3950-7

Weitere Informationen zum Verlagsprogramm erhalten Sie unter: www.schnell-und-steiner.de

Burgen, Schlösser und Wehrbauten in Mitteleuropa Bd. 32

Herausgegeben von der

Wartburg-Gesellschaft

Bibliographische Informationen der Deutschen Nationalbibliothek: Die Deutsche Nationalbibliothek verzeichnet diese Publikation in der Deutschen Nationalbibliographie; detaillierte bibliographische Daten sind im Internet über https://dnb.de abrufbar.

Reiseinformationen

Deutsches Burgenmuseum
Veste Heldburg / Burgstraße 1
98663 Heldburg
Auskünfte und Anmeldung zu Führungen, die jederzeit möglich sind, unter Telefon:
+49 (0)36871 21210
e-mail: service@deutschesburgenmuseum.de
www.deutschesburgenmuseum.de
Öffnungszeiten:
April bis Oktober: Di–So: 10–17 Uhr
November, Dezember und März:
Di-So: 10–16 Uhr
Januar und Februar: Sa + So: 10–16 Uhr
An Feiertagen in Thüringen (auch montags) geöffnet, am 24., 25. und 31. Dezember geschlossen.
Eltern-Kind-Zimmer im 1. Obergeschoss des Kommandantenbaus (Stiftung der Firma Hipp).

Abbildungsnachweis

Holzstich aus: Deutsche Illustrierte Zeitung 1892: 0/1, Staatliche Kunstsammlungen Dresden, Rüstkammer: 5
Herzog-Anton-Ulrich-Museum, Braunschweig: 7 ob.lk.
Störfix (wikipedia) CC BY-SA 3.0: 7 u. re.
Rouven Meidlinger, planauf GmbH (aus: Großmann, Die Heldburg als Festung): 14
Germanisches Nationalmuseum, Nürnberg: 16
Thüringer Staatsarchiv Meiningen: 38
Ilse Grohmann, Skandale und Liebe, Abb. 12: 9

Bisher erschienen

Bd. 1: Nürnberg, Kaiserpfalz (dt. u. engl.)
Bd. 2: Büdingen, Schloß
Bd. 3: Marburg, Schloß
Bd. 4: Eisenach, Wartburg (dt., frz. u. engl.)
Bd. 5: Schleswig, Schloß Gottorf
Bd. 6: Ronneburg in Hessen
Bd. 7: Die Drei Gleichen
Bd. 8: Burg Ranis
Bd. 9: Neues Schloß in Ingolstadt
Bd. 10: Festung Wülzburg
Bd. 11: Burg Fleckenstein im Elsaß (dt. u. frz.)
Bd. 12: Moritzburg in Halle a. d. Saale
Bd. 13: Schloß Detmold
Bd. 14: Festung Jülich
Bd. 15: Schloß Horst (Gelsenkirchen)
Bd. 16: Burg Guttenberg
Bd. 17: Schloß Rheinfels
Bd. 18: Innsbruck, Goldenes Dachl
Bd. 19: Forchheim, Burg und Festung
Bd. 20: Runkelstein bei Bozen (dt., engl. u. ital.)
Bd. 21: Bozen, Schloß Maretsch (dt. u. ital.)
Bd. 22: Trient, Castello del Buonconsiglio
Bd. 23: Felsenburgen in der Sächsischen Schweiz
Bd. 24: Füssen, Schloss
Bd. 25: Die Pfalz Wimpfen
Bd. 26: Burg Hochosterwitz in Kärnten
Bd. 27: Burg Rheinstein
Bd. 28: Burg Friedberg
Bd. 29: Das Schloss in Celle
Bd. 30: Schloss Heidelberg
Bd. 31: Zitadelle Petersberg in Erfurt
Bd. 32: Veste Heldburg, Deutsches Burgenmuseum
Bd. 33: Schloss Ambras (Innsbruck)